Name ______________________________

1

N n   I i   A a   O o

2

1. Buchstaben und Anlautbilder einander zuordnen und verbinden
2. Kindernamen sprechschwingen, mit Hilfe der Anlautbilder aufbauen und Buchstaben in die Felder schreiben; Silbenbögen setzen

Name ______________________________

1

O	a
N	o
I	n
A	i

2

1. abgebildete Begriffe benennen; zusammengehörige (langer/kurzer Anlaut) miteinander und mit dem Groß- und Kleinbuchstaben verbinden; beide Buchstaben daneben auf die Zeile schreiben
2. neue Kindernamen (Ina/Noa) mit Hilfe der Lautbilder abhören und verschriften

Name ______________________

N n

1

Na – ☐ Ni – ☐ In – ☐ No – ☐ ☐ – no

2

N ☐ ☐ ☐

☐ ☐ ☐ ☐

1. abgebildete Begriffe benennen und sprechschwingen; Anfangssilben und Endsilbe -no erlesen; Abbildungen jeweils mit der passenden Anfangs- bzw. Endsilbe verbinden
2. abgebildete Begriffe mit der Lauttabelle verschriften; Begriffe lesen und sprechschwingen

N n

Name ______________________________

1

Nina	Ni	na
Nino	Jo	no
Jojo	Ni	jo

2

Nino malt.

Nina malt mit.

Male: Nina malt Jojo.

1. bekannte Namen erlesen und schwingen; Buchstaben J/j ggf. mit Hilfe der Lauttabelle ermitteln und Hundenamen „Jojo“ erlesen; alle Namen mit den jeweils passenden Anfangs- und Endsilben verbinden
2. Text erlesen, Laute zu fremden Buchstaben mit Hilfe der Lauttabelle ermitteln; Abbildung nach Textvorgabe anfertigen

Name ____________________

I i

1

2

1. abgebildete Begriffe benennen und sprechschwingen; den /i/-Laut nach seinem Klang (lang/kurz) abhören und Abbildung mit dem entsprechenden Jo-Jo verbinden
2. abgebildete Begriffe mit der Lauttabelle verschriften; Begriffe lesen und sprechschwingen

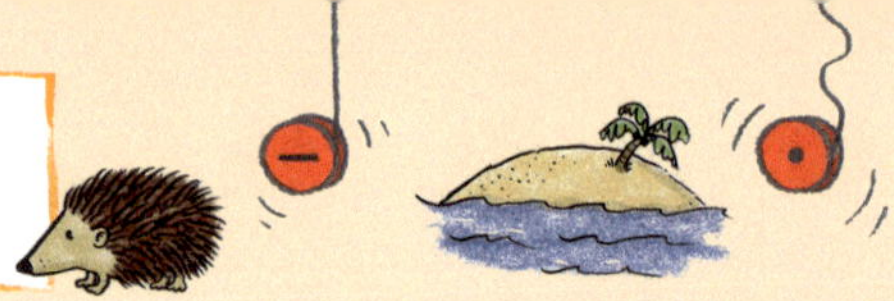

Name ______________________

1

Da ist Ina.

Ina ruft.

Was ruft Ina?

2 Was ruft Nina?

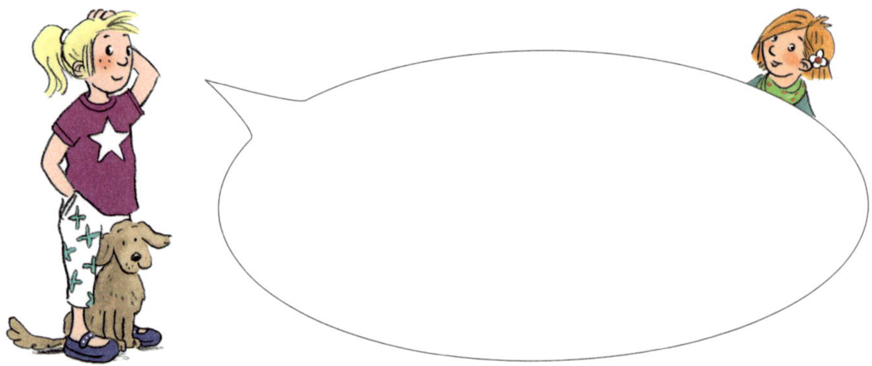

1. Texte sinnerfassend erlesen; Frage beantworten
2. Frage sinnerfassend erlesen; Antwort frei in die Sprechblase schreiben

zu Fibelseite 9

Name ______________________________

I i

1

Nina

i

Ina

I

Nino

i

i

1. Übungseinführung: abgebildete Begriffe benennen und sprechschwingen; Begriff danach abhören, in welcher Silbe der /i/-Laut zu hören ist; I oder i in den entsprechenden Silbenbogen schreiben

I i

Name ______________________

① Wo ist Ina mit Nino? ⊗

---

②

Da ist Nino.

Was tut Nino?

Da ist Nino.

Was tut Nino?

1. Frage sinnerfassend erlesen; passende Abbildung ankreuzen
2. Texte sinnerfassend erlesen; Fragen beantworten

zu Fibelseite 9

Name ______________________________

A a

1

2

A a

Name ____________________

1

Sulola

Ali

2

Anita

Lara

A

Su

La

A

lo

ni

ra

li

la

ta

Ali

Lara

Sulola

Anita

1. Kindernamen ggf. mit Hilfe der Lauttabelle erlesen; zusammengehörige Silben (für jeden Namen in einer anderen Farbe) miteinander verbinden; Namen in der Schreibzeile nachspuren und Silbenbögen setzen

Name ______________________________

A a

1

a

2

a

1. abgebildete Begriffe benennen und sprechschwingen; Begriff danach abhören, in welcher Silbe der /a/-Laut zu hören ist; A oder a in den entsprechenden Silbenbogen schreiben
2. Übung analog zu Aufgabe 1, aber Anzahl der Silbenbögen zuvor selbst ermitteln und setzen

1 Anita malt Ananas.

Lara malt Bananen.

Ali malt Tomaten.

1. Texte sinnerfassend erlesen; Sätze der passenden Figur zuordnen und auf deren Zettel nach Aussage der Sätze malen

Name ______________________________

O o

1

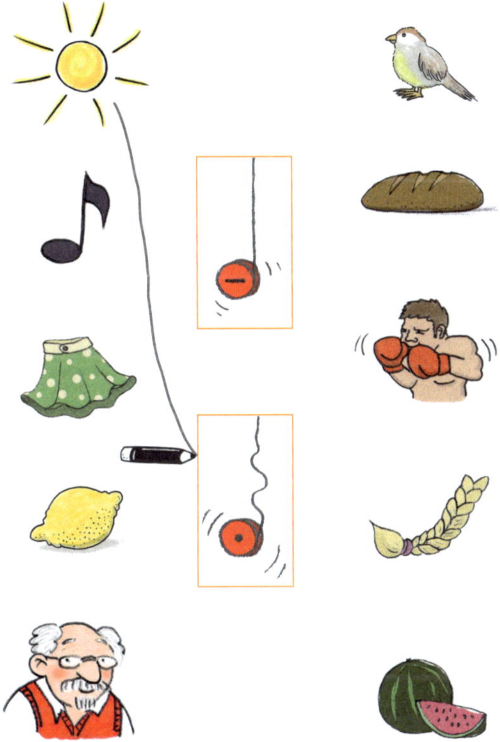

2

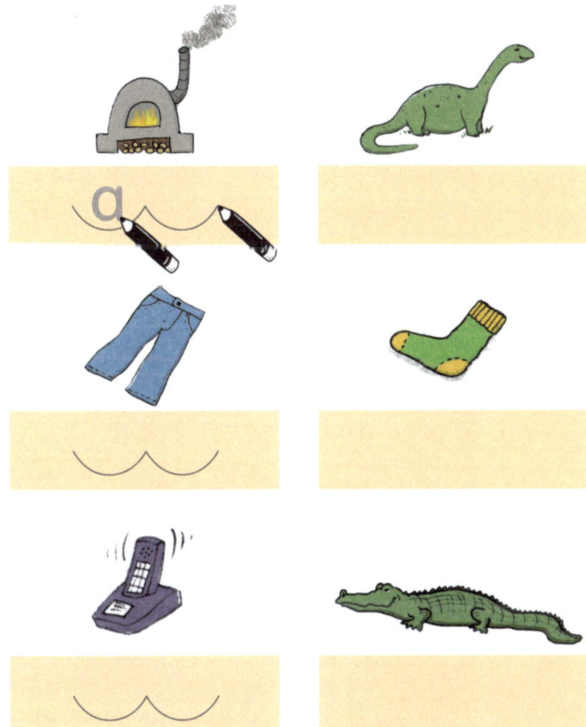

1. abgebildete Begriffe benennen und sprechschwingen; den /o/-Laut nach seinem Klang (lang/kurz) abhören und Abbildung mit dem entsprechenden Jo-Jo verbinden
2. abgebildete Begriffe sprechschwingen; Silbenbögen setzen, O oder o in den passenden Silbenbogen setzen

zu den Arbeitsheftseiten 13, 14

O o

Name ______________________________

1

Nina lernt mit Nino.

Noa lernt mit Ina.

Simon lernt mit Sulola.

Lisa lernt mit Toni.

2

1. Sätze einzeln erlesen; passende Kinder miteinander verbinden
2. freies Schreiben zur Abbildung (z. B. analog zu den Sätzen oben: Nino lernt mit Jojo.)

Name ______________________

T t

1

T t

Not

T	o n	i
X		

A	n i t	a
	X	

N	o	t
		X

2

1. Einführung „Lautstellung bestimmen“: Begriffe sprechen und nach dem /t/-Laut abhören; Lautstellung anhand der Vorgaben nachvollziehen und Kreuze in den Lautkästen nachpuren
2. ankreuzen, ob der /t/-Laut am Wortanfang, im Wortinnern oder am Wortende zu hören ist

T t

Name ____________________

①
○ Anita ist im Tor.

○ Toni ist in Not.

○ Anita ist in Not.

○ Jojo will lesen.

②

Das ist Anitas Liste.

Wer ist Erster?

____

1. Auswahlätze erlesen; zur Abbildung passende Sätze ankreuzen
2. Fragestellung erlesen; Strichliste anschauen, Sieger (Toni) ermitteln und aufschreiben.

Name ______________________

M m

1

2

Nino ~~Oma~~ mit Nina

Oma am mit Mama

Mama Oma mit Nina

1. Begriffe abhören, ankreuzen, ob der /m/-Laut am Wortanfang, im Wortinnern oder am Wortende zu hören ist
2. Sätze silbierfassend erlesen und falsches/überflüssiges Wort jeweils ausstreichen

M m

Name ______________________________

1 ◯ Oma ist nett.

◯ Oma ist Mamas Mama.

◯ Oma und Nino lesen.

2

◯ 

◯ 

◯ 

◯ 

◯ 

Was teilen Nino und Nina?

____

1. Auswahlsätze erlesen; zur Abbildung passende Sätze ankreuzen
2. Fragestellung erlesen; aus der Auswahl einen beliebigen Begriff ankreuzen; Begriff darunter mit der Lauttabelle verschriften

zu den Fibelseiten 16, 17

Name ______________________

L l

1

~~A~~ i l

a a L m

i m o L

Ali

2

Ali malt Nina ~~Lola~~ an.

Toll! Nino malt im mit.

Nina malt Lama lila Lola.

Ali in malt mit Lila.

1. Einführung Würfelwörter: Begriffe sprechschwingen, Einzellaute analysieren und Wörter schreiben; benutzte Buchstaben nach und nach aus der Auswahl streichen; Silbenbögen zeichnen
2. Sätze sinnerfassend erlesen und falsches/überflüssiges Wort jeweils ausstreichen

L l

Name ______________________

1 Das ist Lama Lola.

Lama Lola will

Salat und Melonen.

Male.

2 Anita und Nino

basteln etwas.

Womit basteln sie?

Pappe

Mantel

Kleber

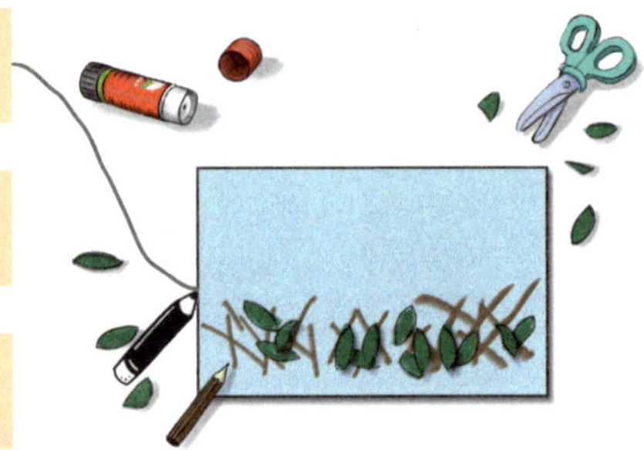

Blätter

Leiter

Schere

1. Text erlesen und Abbildung nach Textvorgabe vervollständigen
2. Text und Begriffe auf den gelben Feldern erlesen; zur Abbildung passende Begriffe jeweils mit dem Gegenstand auf der Abbildung verbinden („Mantel“ und „Leiter“ bleiben übrig)

Name ____________________

Ananas  

S s

1

S a t a l

Sa

a l i S a m

s A t

2

Simon ist mit ~~an~~ Ali am Mast.

Nils soll toll mit. Los, in Nils!

Lama Lola ist alt am Mist.

Lisa isst Salat mit Mist Salami.

1. Begriffe sprechschwingen, Einzellaute analysieren und Wörter schreiben; benutzte Buchstaben nach und nach aus der Auswahl streichen; Silbenbögen zeichnen
2. Sätze sinnerfassend erlesen und falsches/überflüssiges Wort jeweils ausstreichen

1

○ Ninas Drachen ist fort.

○ Ninas Drachen ist lila.

○ Nina wartet unten mit Jojo.

○ Jojo kann Nina helfen.

2

Male hier

einen

roten Drachen

für Nina.

1. Auswahlsätze erlesen; zum Bild passende Sätze ankreuzen
2. Auftrag erlesen und dazu malen

E e

Name ______________________

1

lesen Esel Mantel ~~nett~~

Tante Lena ist nett.

Oooo! Ninas __________ ist nass.

Alle __________ essen Salat.

Sollen alle Enten mit Nina __________?

1. Auswahlwörter und Sätze erlesen; Lückensätze mit den passenden Wörtern ergänzen; Silbenbögen unter die Lückenwörter setzen

zu den Arbeitsheftseiten 25 bis 28

Name ______________________

1

Im Park darf man …

- ◯ … Hunde frei laufen lassen.
- ◯ … auf der Wiese liegen.
- ◯ … Müll auf den Boden werfen.
- ◯ … Hunde an der Leine führen.

2

Welches Tier hast du gern?

____

1. Auswahlsätze erlesen; zum Bild passende Sätze ankreuzen
2. Frage erlesen und frei dazu schreiben

E e

1

s E l e

a l i S a m

a s N e

2

Nina soll mit Tinte ~~Tee~~ Esel malen.

Iiii ! Nino soll Sonnen Linsen essen.

Tante Lenas Insel Nase ist nass.

Enten essen messen Salat am See.

1. Begriffe sprechschwingen, Einzellaute analysieren und Wörter schreiben; benutzte Buchstaben nach und nach aus der Auswahl streichen, Silbenbögen zeichnen
2. Sätze sinnerfassend erlesen und falsches/überflüssiges Wort jeweils ausstreichen

Name ______________________

① Paola reimt weiter:

Tiger, Löwen und Giraffen,
Lamas, Bären und auch Affen –
alle Tiere mag ich gleich,
doch Polli ist besonders weich.

② Schreibe hier drei Tier-Namen auf:

1. Paolas Gedichtstrophe erlesen; optional: diese Strophe allein oder zusammen mit Paolos Reim von Fibelseite 27 auswendig lernen und evtl. (freiwillig!) vortragen
2. Auftrag erlesen und drei Tiernamen von Aufgabe 1 abschreiben oder andere Tiernamen frei verschriften

zu Fibelseite 27

Name ______________________

P p

1

p P a a

Papa

s i n e l P

L a m p e

2

○ Papa passt in Paolas Mantel.

○ Paola passt in Papas Mantel.

○ Polli popelt in Opas lila Nase.

○ Pollis Popo passt in Opas Sessel.

1. Begriffe sprechschwingen, Einzellaute analysieren und Wörter schreiben; benutzte Buchstaben nach und nach aus der Auswahl streichen; Silbenbögen zeichnen
2. Sätze sinnerfassend erlesen und richtige Sätze ankreuzen

zu den Arbeitsheftseiten 29, 30

Name ____________________

1 Auf den Fibel-Seiten 28 und 29 sehen wir …

- ◯ … ein Poster mit einem Turm.
- ◯ … Ninos Papa unter dem Teppich.
- ◯ … Paola in einem roten Mantel.
- ◯ … Opas Pantoffeln neben dem Sofa.

2 Erfinde Namen für die Papageien:

____

1. Satzanfang und Satzergänzungen nach und nach erlesen; dabei jede Aussage auf Fibelseite 28/29 prüfen und ankreuzen, wenn sie zutrifft
2. Auftrag erlesen, zwei Namen für die Papageien erfinden und diese frei verschriften

Name ______________________

W w

1

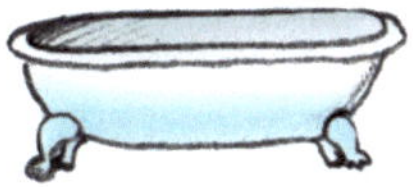

n W e n a

Wanne

W l e l e

l e o l w

2

Was will Papa essen?

Womit malt Opa Wale?

W w

Name ______________________

1

◯ Paola darf Polli kraulen.

◯ Paola soll leise sein.

◯ Paola will wissen, warum Polli weint.

◯ Polli will etwas Ruhe haben.

2

1. Bild anschauen; Auswahlsätze dazu erlesen und passende Sätze ankreuzen
2. Bild anschauen und frei dazu schreiben

Name ______________________________

1 Was passt wo?

messen passen wollen

essen	lassen	sollen
mes		

2

- ○ Warmer Tee passt in warme Tassen.
- ○ Alle wollen essen, was Polli isst.
- ○ Alle wissen, womit man etwas isst.

1. Auswahlwörter und Wortvorgaben in den Lineaturen erlesen und abhören; Reimpaare ermitteln und Reimwörter jeweils nachspuren bzw. untereinander schreiben; Silbenkönige dabei rot markieren
2. Auswahlsätze erlesen und wahre Sätze ankreuzen; optional: sich über den letzten Satz austauschen

Name ______________________

1

◯ Nina muss Jojos Fell manchmal bürsten.

◯ Nina geht nie mit Jojo Gassi.

◯ Ein trauriger Hund bellt immer laut.

◯ Fremde Hunde soll man nicht anfassen.

2

1. Bild anschauen; Auswahlsätze dazu erlesen und passende Sätze ankreuzen
2. Bild anschauen und frei dazu schreiben

Name ______________________

R r

1

o e s R

R t i r t e

i t a P r

2

Piratin Maria wartet im ~~Roller~~ Tor.

Soll Maria etwa Messer Teller essen?

Maria will Pirat Willis Perlen lernen.

Pirat Willi war als Ratte Erster am Tor.

1. Begriff benennen, Lückenwort erlesen und nach dem fehlenden Laut/Buchstaben abhören; Wort nachspuren und dabei den fehlenden Buchstaben ergänzen
2. Aussagen erlesen; richtige Aussagen ankreuzen

R r

Name ____________________

1

○ Ich kenne die Monster-Mia mit der Ratte.

○ Das Sams hat blaue Haare.

○ Bob ist ein Schwamm, der reden kann.

○ „Kleiner Hai“ ist der Name eines Piraten.

2 Findet die Namen von Fibelseite 35.

Bob, der Bau______________ –

Sponge________ – ______________ Sharky

1. Fibelseite 34/35 aufschlagen und betrachten; Auswahlsätze dazu erlesen und richtige Sätze ankreuzen
2. Partnerarbeit/Recherchearbeit: Bilder von Fibelseite 35 anschauen; Namen der gesuchten Kinderbuchfiguren nennen bzw. herausfinden und in den Schreibzeilen vervollständigen: Bob, der Baumeister, SpongeBob, Käpt'n Sharky

1 Immer 3-mal

1	2	3
Ritter Rolo	reitet	im Winter allein.
Eine Reiterin	rastet	an einem Tor.
Pirat Willi	reist	mit einer Leiter.
Eine Ameise	rennt	in einem Salat.
Ein Monster	wartet	mit einem Eimer.
Ninos Papa	lernt	in einem roten Sessel.

1. Sätze/Satzteile einzeln erlesen; dann je drei Satzteile erwürfeln oder auswählen; den entstehenden Satz erlesen und ins Heft schreiben

zu den Arbeitsheftseiten 36, 37

Name ______________________

1

Rosali weint, weil …

○ … Pirat Willi so nass ist.

○ … Rolo alle Eimer gerettet hat.

○ … ihre Schuhe nun nass sind.

○ … weil Ritter Rolo so klein ist.

2

Wie nennt sich Jojo auf Fibelseite 37?

____

1. Fibelseite 37 aufschlagen und Bildergeschichte erneut lesen und betrachten; Satzanafang und Auswahlergänzungen erlesen; passende Ergänzung ankreuzen
2. Frage erlesen; Antwort auf Fibelseite 37 unten in Jojos Sprechblase suchen und hier verschriften

Name ______________________

D d

1

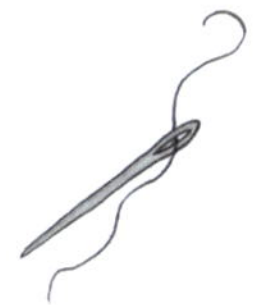

Dino | Ra__io | Nad__l | Mo__d

2

- ◯ Dinos reden immer mit Dosen.
- ◯ Piraten weinen im Radio.
- ◯ Dein Opa ist der Mann deiner Oma.
- ◯ Rodeln im Sommer ist eine tolle Idee.
- ◯ In der Erde sind Ameisen.

1. Begriff benennen, Lückenwort erlesen und nach dem fehlenden Laut/Buchstaben abhören; Wort nachspuren und dabei den fehlenden Buchstaben ergänzen
2. Aussagen erlesen; richtige Aussagen ankreuzen

zu den Arbeitsheftseiten 38, 39

D d

Name ______________________

1

Lies hier nach: Fibel-Seiten 38 und 39.

Dieser Dino lebt auf dem Mars ~~Mond~~.

Diesen Dino hat Andi Ina gemalt.

Andis Delfin Dino frisst gerne Datteln.

Andi nennt redet den Dino Dodo.

Dino Dodo findet hat grüne Federn.

2

Warum müssen wir auf unsere Erde achten?

1. Fibelseite 38/39 aufschlagen; Sätze nach und nach erlesen, Inhalt jeweils anhand der Fibelvorgaben prüfen und falsches Wort ausstreichen
2. Frage und Stichpunkte (Anregungen) rechts erlesen; Antwort(en) auf die Frage im Heft frei verschriften

Name ______________________________

U u

①

__urm	N__del	Lup__	M__nd

②

Nino will seine ~~wilde~~ Wurst mit Polli teilen.

Mama meint: Nein, Polli isst nur und Nudeln!

Paola isst Suppe Puppe mit Nudeln.

Dann rudert Paola mit den Lupen Armen.

Und nun sind Pudel Nudeln an Opas Pulli.

1. Begriff benennen, Lückenwort erlesen und nach dem fehlenden Laut/Buchstaben abhören; Wort nachspuren und dabei den fehlenden Buchstaben ergänzen
2. Sätze sinnerfassend erlesen und falsches/überflüssiges Wort jeweils ausstreichen

zu den Arbeitsheftseiten 40, 41

Name ______________________

① Was müssen Nina, Jojo und Nino an der Ampel tun?

Prüfe auf Fibel-Seite 43. Nummeriere dann so: 1. 2. 3. …

○ Danach schauen sie nach rechts.

1. Sie warten, bis die Ampel grün wird.

○ Wenn kein Fahrzeug kommt, gehen sie los.

○ Sie schauen zuerst nach links.

○ Dann schauen sie noch einmal nach links.

1. Fibelseite 43 aufschlagen; Sätze hier und rechts unten in der Fibel lesen; Reihenfolge der Sätze in Aufgabe 1 durch passende Nummerierung korrigieren

Name ______________________

H h

1

   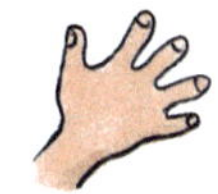

Hos__ He__t Nasho__n __and

2

Nino hat Husten … • • … Ninos Husten heilen.

Paola will Nino helfen … • • … und einen roten Hals.

Papa holt Holundertee … • • … und Hustensaft.

Der Hustensaft soll … • • … und holt Polli.

H h

Name ____________________

1 Nino will im Hof spielen.
Es ist kalt dort.
Was soll er anziehen?

Schreibe ein paar Sachen auf:

eine

1. Fibelseite 46 aufschlagen und den Text auf dem blauen Zettel erneut lesen; Aufgabentext oben erlesen, Abbildungen anschauen und passend zur Fragestellung einzelne Begriffe (mit unbestimmtem Artikel) verschriften

zu Fibelseite 46

Name ______________________

Wiese  **ie**

1

  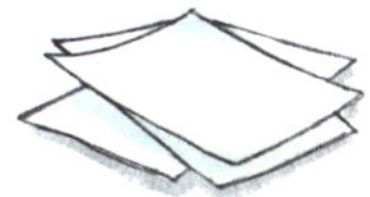 

W__se	__iere	P__pier	Rie__e

2

Nino liest ~~fies~~ mit Paola in einem Heft.

Nino muss immer wieder niesen nie.

Paola will, dass wie Nino sofort weiterliest.

Nino liest sie weiter: „Dieses Tier hier ist ein Riese."

Paola meint: „Nein, das ist ein Heft Elefant!"

1. Begriff benennen, Lückenwort erlesen und nach dem fehlenden Laut/Buchstaben abhören; Wort nachspuren und dabei den fehlenden Buchstaben ergänzen
2. Sätze sinnerfassend erlesen und falsches/überflüssiges Wort jeweils ausstreichen

1

Was ist denn hier los?
Schreibe etwas zu diesem Bild.

kalte Füße   helfen   Wärmflasche

1. Fibelseite 47 aufschlagen und den Text erneut lesen;
frei zu der abgebildeten Szene schreiben, dabei (optional) die abgedruckten Schlüsselwörter benutzen

Name ______________________________

Z z

① Nina und Nino ~~zu~~ zelten in einer Wiese.

Opa zeltet zerrt zusammen mit Nina und Nino.

Nun wollen sie Pilze Zettel sammeln.

Zuerst muss Opa Jojo anziehen anleinen.

Jojo soll am Zelt zwei warten. Dann ziehen sie los.

Was tut Jojo in der Zeit am Zelt?

____

____

1. Sätze sinnerfassend erlesen und falsches/überflüssiges Wort jeweils ausstreichen; Fortführung der Geschichte durch freies Schreiben zur Frage

zu den Arbeitsheftseiten 49, 50

Z z

Name ______________________________

1 Lies auf den Fibel-Seiten 50 und 51 nach:
Warum sieht Nina so traurig aus? Schreibe dazu.

in Eile	keine Zeit	Arzt	Firma	essen

1. Fibelseiten 50, 51 aufschlagen und den Text erneut lesen;
frei zu der abgebildeten Szene schreiben, dabei (optional) die abgedruckten Schlüsselwörter benutzen

Name ______________________

B b

1

	☺	☹
Jojo muss abends im Bett arbeiten.	○	○
Jojo bellt, wenn er Leberwurst haben will.	○	○
Biber leben in bunten Booten.	○	○
Bananen und Erdbeeren sind Obst.	○	○
Sieben Raben malen bunte Bilder.	○	○

2

alle lieben	alle toben	alle bleiben
er liebt	er	er

1. Sätze einzeln erlesen und ankreuzen, ob sie richtig oder falsch sind
2. Verben in der dritten Person Plural erlesen; Verben in der dritten Person Singular darunterschreiben und das b jeweils grün markieren

Name ______________________

1 Sieh dir die Tabelle auf Fibel-Seite 53 genau an.
Beantworte dann jede Frage mit einem Satz:

Welche Tiere leben am längsten?

Wer lebt länger? Bären oder Elefanten?

Wie alt kann Jojo werden?

1. Fibelseite 53 aufschlagen und die Tabelle unten genau betrachten; richtige Antworten zu den Fragen frei verschriften

Name ______________________

Buch  Milch 

Ch ch

(1)

1. Wer horcht an der Wand?
2. Wer ist manchmal frech?
3. Woran riechen Polli und Jojo?
4. Wenn es bei uns noch hell ist, was ist dann in China?
5. Was findet Nina echt toll?
6. Rechne: elf minus drei
7. Was machen Nino und Nina oft zusammen?

- ○ Leons Buch
- ○ lachen
- (1) Leon und Nina
- ○ Paola
- ○ an einer Wurst
- ○ Nacht
- ○ acht

1. Fragen einzeln erlesen und durch Nummerierung den passenden Antworten zuordnen

Ch ch

Buch

Milch

Name ____________________

1 Lies auf den Fibel-Seiten 54 und 55 nach. Was ist richtig?

- ◯ China liegt auf der anderen Seite der Erde.
- ◯ Eine Seite der Erdkugel ist immer dunkel.
- ◯ Unsere Erde ist ein Planet.
- ◯ Planeten können sich nicht drehen.
- ◯ Unsere Sonne geht morgens im Westen auf.

2 Kennst du noch andere Planeten? Nenne drei Namen:

____

1. Fibelseiten 54 und 55 aufschlagen und noch einmal lesen; richtige Aussagen ankreuzen
2. Frage erlesen und Antwort frei verschriften

1

Was passt auch zu dir?

- ◯ Ich brauche niemals Hilfe beim Rechnen.
- ◯ Wenn ich frech bin, wird meine Mama sauer.
- ◯ Ich lache manchmal meinen Bruder aus.

- ◯ Ich traue mich nicht, einen Hund anzufassen.
- ◯ Auf einem Bein laufe ich sicher.
- ◯ Im Meer zu tauchen, finde ich super.

1. Frage und Auswahlantworten nach und nach erlesen; ankreuzen, was zur eigenen Person passt

Name ______________________________

1 Andi und Lisa sind oft komisch. Warum könnte das so sein?

Andi redet ganz wenig.
Er guckt andere nicht an.
Er bleibt meist alleine.
Andi kann nicht aufpassen.

Lisa ist oft frech.
Sie ärgert gerne andere.
Lisa macht viel Unsinn.
Aber sie guckt auch oft traurig.

... hat Angst, dass die Eltern sich trennen.	... hat Angst vor anderen Menschen.	... ist traurig, weil Opa gestorben ist.	... schämt sich, laut zu sprechen.

1. Partner- oder Gruppenarbeit: (optional: Fibelseiten 59 aufschlagen und noch einmal lesen) Aussagen zu den Kindern oben erlesen; mögliche Erklärungen unten lesen, sich darüber austauschen und vermuten, zu welcher Kinderfigur sie passen könnten; verbinden (hier gibt es keine falschen Antworten!); weitere Vermutungen austauschen

zu Fibelseite 59

Name ______________________________

K k

1 Auf dem Markt kann man Obst und andere Sachen kaufen:

In einer Kiste sind eine Banane
und zwei rote Paprika,
in einer anderen Kartoffeln.

Nur noch eine Karotte ist
in dem Korb.

Ein Kater will sie klauen.
Der Mann mit der roten Kappe
ruft: „Will keiner etwas kaufen?“

1. Text sinnerfassend erlesen und das Bild nach den inhaltlichen Vorgaben ergänzen

Name ______________________________

1

Nino erzählt

Als mein Papa aus Italien kam, konnte er noch kein Deutsch sprechen.
Da haben Papa und Mama sich nur mit ihren Händen und Füßen unterhalten.
Das sah sicher aus, als ob ...

Nina erzählt

Mama hat jetzt einen neuen Freund.
Der hat uns gestern besucht.
Er sieht ganz anders aus als mein Papa.
Zuerst fand ich ihn komisch.
Aber dann hat Jojo ...

Wähle eine Geschichte. Wie könnte sie weitergehen? Schreibe.

1. Texte zu Ninos und Ninas Familie erlesen; eine Geschichte auswählen, überlegen, wie sie weitergehen könnte; einen oder mehrere Sätze dazu frei ins Heft schreiben

Name ______________________

Sch sch

1

Fische   wünscht   schneidet   schaukeln   komisch

Im Schwimmbad dürfen keine Fi__________ schwimmen.

Auf einer Schaukel kannst du __________.

Nina __________ ein schönes Bild aus.

Nino __________ sich einen blauen Schreibtisch.

Paola findet es __________, Schiffe zu basteln.

1. Text sinnerfassend erlesen und das Bild nach den inhaltlichen Vorgaben ergänzen

Sch sch

Name ____________________

1 Schau dir die Pinnwand auf Fibel-Seite 67 genau an.
Entscheide dann, was stimmt.

- Auf einem Zettel fehlt die Überschrift.
- Die Dino-Schau kannst du im Naturkunde-Museum besuchen.
- Neben Jojo liest du die Wörter „schaukeln“ und „schwimmen“.
- Es gibt einen Film über eine Schrift für blinde Menschen.
- „Schirin, das Schaf“ kannst du im Museum anschauen.

1. Fibelseite 67 aufschlagen; Sätze auf den Zetteln der Aufgabe nach und nach erlesen und anhand der Fibelseite überprüfen; richtige Aussagen ankreuzen

Name ______________________

G g

1. Was ist meistens grün?
2. Welches Essen ist richtig gesund?
3. Was folgt meist auf eine Frage?
4. Wo gibt es gruselige Geister?
5. Das ist ein ganz wichtiger Tag!
6. Was gehört zu deinem Gesicht?

- ◯ eine Antwort
- ◯ die Augen
- ◯ der Geburtstag
- ◯ Gemüse
- (1) das Gras
- ◯ auf Burgen

Beantworte nun die erste Frage mit einem Satz:

____

1. Fragen einzeln erlesen und durch Nummerierung den passenden Antworten zuordnen

G g

Name ______________________

1 Lies die Geschichte auf Fibel-Seite 68.

Beantworte folgende Fragen immer mit einem Satz:

Wie sieht Andis Ball aus?

Was passiert mit Andis Gesicht?

Was sagt Toni, als er auf die Wiese kommt?

1. Fibelseite 68 aufschlagen und erneut lesen; Fragen zum Text nach und nach erlesen; Antworten jeweils darunter frei verschriften

Name ____________________

J j

(1)

	☺	☹
Ein Jaguar ist ein schnelles Auto.	○	○
Jonas ist Paolas kleine Schwester.	○	○
Beim Judo gibt es farbige Gürtel.	○	○
Joghurt ist aus Milch gemacht.	○	○
Ein Jagdhund folgt dem Jäger aufs Wort.	○	○
Ein Jahr hat weniger als zehn Monate.	○	○
Einmal im Jahr ist Weihnachten.	○	○
Im Januar sind die Kirschen reif.	○	○
Im Juni kann man Schlitten fahren.	○	○

1. Aussagen einzeln erlesen und ankreuzen, ob sie wahr sind oder nicht

zu Arbeitsheftseite 73

J j

Name ______________________

1

Manche Wörter haben mehrere Bedeutungen.
Solche Wörter nennt man Teekesselwörter.
Was passt zu welchem Wort?

Darunter kannst du schlafen.

Jedes Zimmer hat so etwas.

Bei Nina hängt er oft ins Gesicht.

Jedes Buch hat viele davon.

Es sieht wie ein junges Pferd aus.

In jedem Winter fällt es vom Baum.

1. Fibelseite 75 aufschlagen und den Teekessel-Text unten erneut lesen; Beschreibungen auf den Zetteln oben erlesen und die zwei jeweils passenden Beschreibungen dem entsprechenden Zettel von Nina und Nino durch Verbinden zuordnen

Name ______________________

Sp sp

St st

1

1	ST	Spinnen möchte jeder gerne streicheln.
	SP ✗	Spinnen findest du oft unter Steinen.
2	O	Nachts strahlen die Sterne am Himmel.
	A	Manche Sterne stören mittags am Himmel.
3	P	Im Theater spielen stumme Gespenster.
	R	Auf einer Bühne kann man Theater spielen.
4	T	Die Kinder stehen mit Stiefeln im Regen.
	F	Die Kinder staunen mit Stiften im Regen.

Finde das Rätsel-Wort heraus:

SP ___ ___ ___

1 2 3 4

Sp

1. Sätze paarweise erlesen und Großbuchstaben ankreuzen, die vor der jeweils richtigen Aussage stehen; Großbuchstaben über die entsprechende Ziffer im Lösungsfeld rechts eintragen, das Lösungswort in gemischter Schrift (Groß- und Kleinbuchstaben) darunterschreiben (Sport)

Name ____________________

1 Mit deinem Gesicht kannst du Gefühle ausdrücken.
Das ist beim Theaterspielen sehr wichtig.
Sieh dir Nino auf den drei Bildern unten genau an.
Welche Gefühle stellt er hier dar?

____

____

____

1. Aufgabentext erlesen und Bilder von Nino anschauen;
Gefühlsausdrücke ermitteln und jeweils mit einem Satz beschreiben

zu Fibelseite 79

Name ______________________

Sack  ck

1

backen schlecken ~~kleckern~~ wecken

Jonas kleckert oft beim Essen.

Der Wecker ______ Nino sehr früh.

Paola ______ ihren ersten Kuchen.

Nino ______ ein leckeres Eis.

Ich fress' so gerne
richtig lecker,
doch schaff ich's nie
ohne Geklecker.
Jeden Tag
ein dickes Stück!
Ja, das nenn ich
Hundeglück!

2

Das schmeckt mir: ______

1. Auswahlverben (im Infinitiv) und Lückenwörter sinnerfassend erlesen; die Lückenwörter in der Personalform (3. Person Singular) in die passenden Sätze einschreiben; DIFF: Jojos Sprechblase erlesen
2. freies Schreiben zur Angabe

Sack

Name ____________________

1

Sieh dir das Picknick
auf der Brücke an.
Schreibe etwas dazu.

1. freies Schreiben zum Bildausschnitt von Fibelseite 80

Name ______________________

Katze  tz

Fuchs  chs

1 Wie wachsen Pflanzen?

M Welche Sätze stimmen?

	ja	nein
Pflanzen musst du sechsmal am Tag Wasser geben.	◯	◯
Einige soll man ab und zu mit Wasser bespritzen.	◯	◯
Pflanzen musst du einmal täglich ordentlich putzen.	◯	◯
Zum Wachsen brauchen sie auf jeden Fall Licht.	◯	◯
Bei Hitze brauchen alle Pflanzen zum Schutz eine Mütze.	◯	◯
Blumensamen kannst du in Töpfen aussäen.	◯	◯
Manche Pflanzen wachsen nur an bestimmten Plätzen.	◯	◯

1. Sätze einzeln erlesen und ankreuzen, ob sie richtig oder falsch sind

1

Sieh dir an, was hier auf dem Balkon passiert.
Schreibe etwas dazu.

Name ______________________

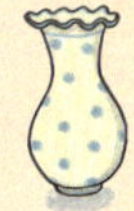

V v

(1) Markiere in allen Sätzen V und v wie in Vogel lila.

Markiere in allen Sätzen V und v wie in Vase blau.

M

Viele Vögel verabreden sich im Vorgarten einer Villa, um ihren Verwandten ihre Vornamen zu verraten.

Vater lässt aus Versehen vier volle Vasen mit Veilchen auf das Klavier fallen und versteckt sich danach vor Mama.

Ein violetter Vampir fliegt bei Vollmond mit Vollgas um die Kurve und vergisst dabei zu bremsen.

Lerne einen dieser Sätze auswendig.
Versuche dann, diesen Satz immer schneller zu sprechen.

1 Sätze erlesen und die verschiedenen V/v-Lautungen wie angegeben farbig markieren;
DIFF: einen der drei Sätze auswählen, auswendig lernen und immer schneller sprechen

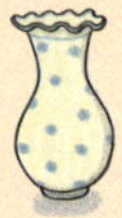

Name ______________________

1 Verrückte Rätsel-Verse

Versuche zu erraten, wovon die Verse erzählen.
Schreibe die Lösungen dazu.

Verschwunden war sie –
für ganz viele Tage.
Zum Rechnen war's blöd –
gar keine Frage.
Doch dann hab ich sie
auf einmal entdeckt –
zwischen der drei
und der fünf versteckt.
Verrat es mir!
Es ist die …

____

Auch er war mal Kind,
vielleicht sogar brav –
war immer ein Mensch
und niemals ein Schaf.
Er war auch kein Kater –
denn er ist mein …

____

1. Rätselverse erlesen; Lösungen ermitteln und jeweils dazuschreiben

Name ______________________________

Eu eu

① Leon und Nina haben heute neunzehn Euro verdient.

Nina freut sich und meint: „Für die Leute war das aber nicht teuer!“

Nina und Leon haben auf dem Flohmarkt Spielzeug verkauft:

1. eine alte Stoffeule mit gelben Augen
2. eine neue Fahrradleuchte mit einer Beule
3. ein kleines Schiff mit einem Steuerrad aus braunem Holz

1.	2.	3.

1. Text und Spielzeugbeschreibungen erlesen und entsprechende Spielzeuge in die nummerierten Felder malen

Name ______________________

1 Der Streit

Oma und Mama sitzen auf dem Sofa.
Jojo ist auch dabei. Sie freuen sich
auf einen schönen ruhigen Abend.

Plötzlich hört man lautes Geschrei
aus Leons Zimmer.
Leon und Nina
streiten sich.

Lies die Sprechblasen.
Ordne sie dann zu:

Wer könnte was
sagen oder denken?

Also, lange höre ich mir das nicht mehr mit an!

Und ich dachte, heute könnte ich mal in Ruhe lesen.

Lass deine Kinder selbst eine Lösung finden!

Das wird ja ein toller Feierabend!

Oh, wuff, Leon und Nina spielen ein neues Spiel!

1. Erzähltext links erlesen; Sprechblasentexte nach und nach erlesen; überlegen, zu welcher Figur auf dem Sofa sie jeweils passen könnten; verbinden

zu Fibelseite 91

Name ____________________

Bank  **nk**

Ring  **ng**

1 Wir bekommen Besuch

Denke nach: Was ist vor einer Einladung alles zu tun?

Lies zuerst alle Sätze. Nummeriere dann in der richtigen Reihenfolge:

- ◯ Nach dem Putzen stellen wir die Getränke im Kühlschrank kalt.
- ◯ Für Geschenke bedanken wir uns bei ihnen.
- ◯ Wir decken den Tisch mit Besteck, Tellern und Gläsern.
- 1 Zuerst bringen wir die Wohnung in Ordnung und putzen.
- ◯ Wenn die Gäste klingeln, öffnen wir ihnen die Tür.
- ◯ Nach dem Tischdecken bereiten wir das Essen zu.

1. Sätze zuerst wiederholt einzeln erlesen; dann durch Nummerierung in die richtige Reihenfolge bringen

1 Herzlichen Dank, liebe Enkel!

Heute kocht Oma, weil Mama sehr lange arbeiten muss.
Nina und Leon sollen Oma helfen, den Tisch zu decken.
Doch dann lassen sie sich ablenken.

Schreibe hier auf, was passiert:

1. Text erlesen und Bild betrachten; Geschichte beliebig weiterschreiben (z. B. das Bild beschreibend oder fortführend wie im Fibeltext dazu)

1 Denke nach. Streiche immer das Wort durch, das nicht passt.

M

Achtung! Manche Hunde beißen reißen zur Begrüßung.

In Ägypten gießt gibt es noch viele uralte Pyramiden.

Ein Schlafanzug heißt bei manchen auch Python Pyjama.

Paola mag zum Nachtisch immer bloß süßen Pudding grüßen.

Bienen und Ameisen sind sehr weiße fleißige Tiere.

Ein Baby Pony bekommt schnell kalte Füße.

Eine Yacht ist ein Yak großes, sehr teures Boot.

ß 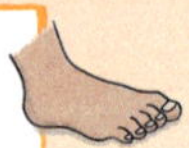 Fuß Y y   Pyramide  Baby Name ______________________

1 Wenn wir groß sind

Nina will später Reporterin werden. Nino möchte vielleicht Pilot werden.
Welche Wörter passen zu diesen Berufen? Schreibe einige unten auf.
Wähle dann einen der beiden Berufe. Schreibe etwas dazu in dein Heft.

1. Arbeitsauftrag erlesen; zu jedem Berufsbild passende Stichwörter notieren;
einen der beiden Berufe auswählen und dazu unter Nutzung der gesammelten Stichwörter
einen kleinen Text schreiben

zu Fibelseite 94

Name ______________________________

Mäuse

Äu äu

C c

① Weißt du die richtigen Antworten?

Forsche nach. Kreuze dann richtig an:

	ja	nein
In der Stadt stören einen oft viele laute Geräusche.	◯	◯
Wenn Mäuse Hunger haben, müssen sie häufig niesen.	◯	◯
Für einen Euro bekommst du genau 100 Cent.	◯	◯
Cowboys gibt es nur in Comics oder in Träumen.	◯	◯
Manche Computer können denken wie ein Mensch.	◯	◯
Viele Bäume wachsen höher als manche Häuser.	◯	◯
Manche Läufer laufen schneller als ein Jaguar rennt.	◯	◯

1. Sätze einzeln erlesen, ggf. Antworten „erforschen“; ankreuzen, ob sie richtig oder falsch sind

Name ______________________

1 Lies dir die Texte der Fibelseiten 98 und 99 noch einmal durch.
Kreuze dann eines der beiden Bilder auf dieser Seite an.
Schreibe etwas zu diesem Bild. Benutze dabei Wörter aus dem Fibeltext.

○

○

1. freies Schreiben nach Aufgabenstellung

Name ______________________

Qu qu

Hexe

X x

1

1	2	3
Ein Frosch	quakt	im Teich.
Die Hexe	rührt	im Quark.
Ein Boxer	boxt	im Ring.
Nino	liest	im Lexikon.
Die Qualle	schwimmt	im Aquarium.
Das Taxi	hält	im Parkverbot.

Erwürfle Sätze. Schreibe den Satz, der dir am besten gefällt.

1. Sätze/Satzteile einzeln erlesen; in Einzel- oder Partnerarbeit dann je drei Satzteile einzeln erwürfeln (Würfel dann jeweils über die entsprechende Spalte legen) und den entstehenden Satz erlesen; Lieblingssatz oder -sätze in die Zeilen abschreiben; kontrollieren

X x  Hexe

Qu qu 

Name ______________________

1 Welche Bücher magst du am liebsten?

➡ ➡ ➡ **Quizbücher, Hexengeschichten, Tierbücher, Märchen, Comics … ?**

Schreibe etwas dazu. Erkläre auch, warum du diese Bücher magst.

1. freies Schreiben nach Aufgabenstellung

Name ______________________________

1

N	i	n	a

N

N i

N i n

N i n a

N	i	n	o

N

N i

N i n

N i n o

1. Laute mit Hilfe der Anlautbilder ermitteln und die Namen „Nina" und „Nino" sukzessive aufbauend lesen

Name ______________________________

1

N i n o

N i n a

2

Nino

Nina

Nino

Nano

Noni

Nina

Nona

Nino

Nina

1. Namen erlesen und wiederholt sprechschwingen; Namen mit der jeweils passenden Abbildung verbinden
2. Namen erlesen und mit den passenden Namen aus der senkrechten Auswahl rechts verbinden (je 2x)

zu Arbeitsheftseite 6

N n

Name ____________________

1

2

N → 5x O N I T N U N E I N A N

n → 5x w u n v n e w n i o n a n

1. Begriffe abhören, Begriffe ankreuzen, in denen ein /n/-Laut zu hören ist
2. großes N und kleines n jeweils optisch analysieren und einkreisen (je 5x)

N n

Name ____________________

1

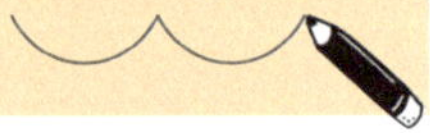

2

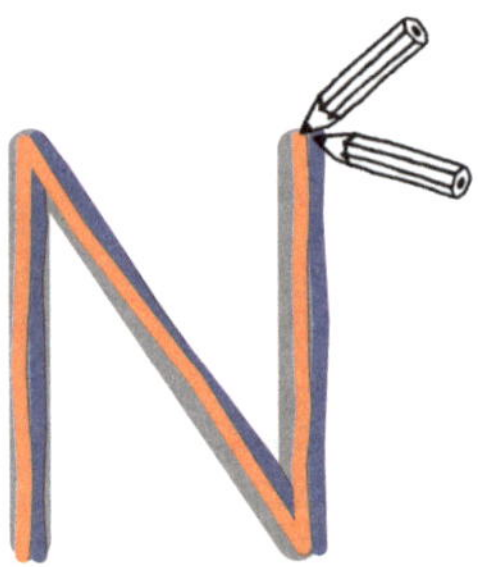

N n

n

1. Begriffe benennen und sprechschwingen; Silbenbögen daruntersetzen
2. großes N und kleines n mehrfach mit verschiedenen Farben nachspuren und frei schreiben

Name ______________________

I i

1

 ○
 ○
 ○
 ○

 ○
 ○
 ○
 ○

2

I → 6x T I F T I O N I I F I N A I

i → 7x i u f i n f i t a i d i f n i t i

1. Begriffe abhören; Begriffe ankreuzen, in denen der lange /i/-Laut zu hören ist
2. großes I und kleines i jeweils optisch analysieren und einkreisen (oben 6x, unten 7x)

I i

Name

1

2

I i

1. Begriffe benennen und sprechschwingen; Silbenbögen daruntersetzen
2. großes I und kleines i mehrfach mit verschiedenen Farben nachspuren und frei schreiben

zu Arbeitsheftseite 9

Name ______________________

I i

1

2

1. Begriffe abhören; Begriffe ankreuzen, in denen der kurze /i/-Laut zu hören ist
2. Begriffe benennen und abhören; Reimwörter verbinden

I i

Name ______________________

1

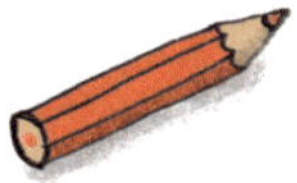

1. Begriffe benennen und sprechschwingen; Silbenbögen daruntersetzen

Name ______________________

A a

1

 ◯  ◯  ◯  ◯

 ◯  ◯  ◯ 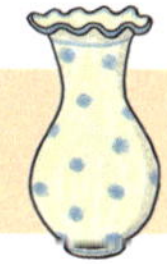 ◯

2

A → 6x → O A N A P A A I D A U A

a → 6x → u a l b a n a i m a z a p a

1. Begriffe abhören, Begriffe ankreuzen, in denen der lange /a/ Laut zu hören ist
2. großes A und kleines a jeweils optisch analysieren und einkreisen (je 6x)

A a

Name ______________________________

1

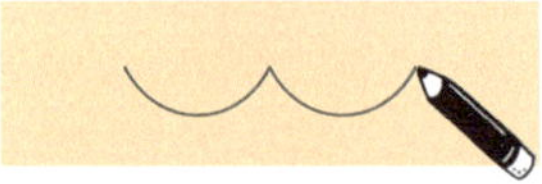

2

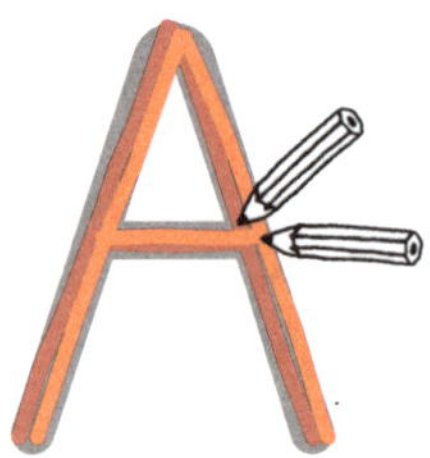

A a

a

1. Begriffe benennen und sprechschwingen; Silbenbögen daruntersetzen
2. großes A und kleines a mehrfach mit verschiedenen Farben nachspuren und frei schreiben

zu Arbeitsheftseite 11

A a

Name ______________________

1

2

1. Begriffe abhören; Begriffe ankreuzen, in denen der kurze /a/-Laut zu hören ist
2. Begriffe benennen und abhören; Reimwörter verbinden

A a

Name ______________________________

1

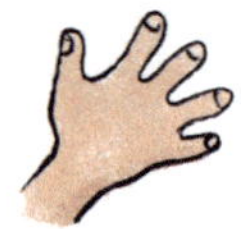

1. Begriffe benennen und sprechschwingen; Silbenbögen daruntersetzen

Name ____________________

O o

1

 ○ 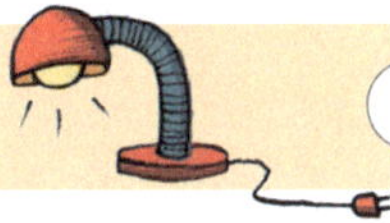 ○  ○  ○

 ○  ○  ○  ○

2

O → 5x T O B O A I O P N O A O

o → 6x o i d o n u o e o u b o v o

1. Begriffe abhören; Begriffe ankreuzen, in denen der lange /o/-Laut zu hören ist
2. großes O und kleines o jeweils optisch analysieren und einkreisen (oben 5x, unten 6x)

Name ______________________

1

2

1. Begriffe abhören; Begriffe ankreuzen, in denen der kurze /o/-Laut zu hören ist
2. Begriffe benennen und sprechschwingen; Silbenbögen daruntersetzen

Name ______________________________

T t

1

 ○ 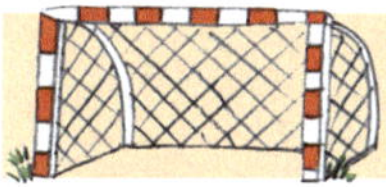 ○  ○  ○

 ○  ○  ○  ○

2

T → 5 x   A T I T O K N T T U E T

t → 7 x   t u c t d t b e t n k t h t a t

1. Begriffe abhören; Begriffe ankreuzen, in denen der /t/-Laut zu hören ist
2. großes T und kleines t jeweils optisch analysieren und einkreisen (oben 5x, unten 7x)

T t

Name ______________________

1

Nina

Toni

Anita

Nino

2

T T t t

1. Namen erlesen und sprechschwingen; Silbenbögen daruntersetzen
2. großes T und kleines t mehrfach mit verschiedenen Farben nachspuren und frei schreiben

Name ______________________________

M m

1

2

M 4x → P M I O M A M E T M H

m 5x → u a m v m o m r m a h m

1. Begriffe abhören; Begriffe ankreuzen, in denen ein /m/-Laut zu hören ist
2. großes M und kleines m jeweils optisch analysieren und einkreisen (oben 4x, unten 5x)

M m

Name ____________________

1

Mama

Oma

Mama mit Oma

Oma mit Mama

2

M M m m

1. Namen und Wortgruppen erlesen und sprechschwingen; Silbenbögen daruntersetzen
2. großes M und kleines m mehrfach mit verschiedenen Farben nachspuren und frei schreiben; Pollis Sprechblase erlesen und „Frage“ beantworten

zu den Arbeitsheftseiten 17 bis 19

Name ______________________

L l

1

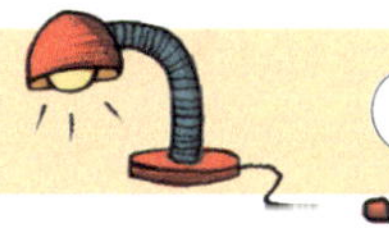

2

1

2

3

L	L	A
La	Li	Al
Lam	Lim	Ali
Lama	Limo	

1. Begriffe abhören; Begriffe ankreuzen, in denen der /l/-Laut zu hören ist
2. Begriffe benennen; Wörter in den Feldern rechts aufbauend erlesen; durch Einschreiben der richtigen Ziffer dem passenden Bild zuordnen

L l

Name ______________________

1

→ a → i → o   → A

Lama Lola Limo Ali lila

2

Li ☐   Lam ☐   Ma ☐   La ☐

1. Wörter silbenweise erlesen; Silbenkönige ermitteln und rot nachspuren
2. Begriffe sprechschwingen und mit der passenden Anfangssilbe verbinden

Name ______________________

Ananas  

S s

1

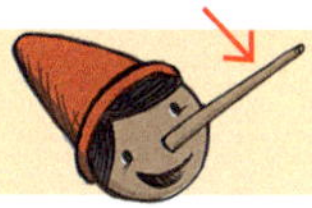   

2

 1

 3

 2

S	L	N
Si	Li	Ni
Sim	Lis	Nil
Simo	Lisa	Nils
Simon		

1. Begriffe abhören; Begriffe ankreuzen, in denen der /s/-Laut zu hören ist
2. Kindernamen benennen; Namen in den Feldern rechts aufbauend erlesen; durch Einschreiben der richtigen Ziffer dem passenden Bild zuordnen

S s

Ananas

Name ______________________

1  → a → i → o

Lisa

Simon

Salat

Salami

2

ist	toll
Mist	soll

Ast	Ina
Mast	Nina

1. Namen und Begriffe silbenweise erlesen; Silbenbögen setzen; Silbenkönige ermitteln und rot nachspuren
2. Reimwörter paarweise erlesen; Groß- und Kleinschreibung der Vokale in den beiden rechten Kästen wahrnehmen

E e

Name ______________________________

1

 ○

 ○

 ○

 ○

2

E

e

E 4x → E I E A U E O E L I

e 5x → o e i n e a e u e v e

1. Begriffe abhören; Begriffe ankreuzen, in denen der lange /e/-Laut zu hören ist
2. großes E und kleines e jeweils nachspuren und mehrmals frei schreiben;
großes E und kleines e jeweils optisch analysieren und nachspuren (oben 4x, unten 5x)

E e

Name ______________________

1 Male alle e an.

Insel

Sonne

Mantel

essen

malen

messen

1. Wörter erlesen, sprechschwingen und das e rot nachspuren; optional: Wörter nachspuren; Begriffe mit der jeweils passenden Abbildung verbinden

zu den Arbeitsheftseiten 26, 27

Name ______________________________

F f

1

F f

F	e d e	r
X		

T	a f e	l
	X	

D	o r	f
		X

2

1. Einführung des Aufgabentyps „Lautstellung bestimmen": Begriffe sprechen und nach dem /f/-Laut abhören, Lautstellung anhand der Vorgaben nachvollziehen und Kreuze in den Lautkästen nachspuren
2. ankreuzen, ob der /f/-Laut am Wortanfang, im Wortinnern oder am Wortende zu hören ist

F f

Name ______________________

1

Ofen •	• der •	• Elefant
Affe •	• das •	• Foto
Fenster •		• Telefon

2 Was findest du toll ?

- ◯ Feste feiern
- ◯ Frost am Fenster
- ◯ fette Wurst
- ◯ Papa am Telefon

1. Begriffe und Artikel erlesen und durch Verbinden einander zuordnen
2. Frage erlesen und gemäß eigener Meinung ankreuzen

Name ______________________________

Wiese 

ie

(1)

1 

2 

3 

4 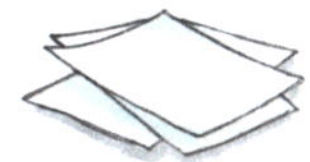

◯ Riese	◯ Papier	1 Wiese	◯ Tiere

(2) der oder die oder das ?

die ________ 

________ 

________ 

________ 

________ 

________ 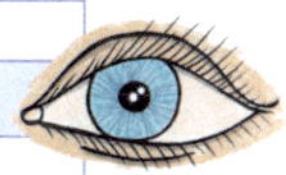

________ 

________ 

1. abgebildete Begriffe benennen; das jeweils passende Wort durch Einschreiben der entsprechenden Ziffer zuordnen; ie jeweils rot schraffieren
2. abgebildete Begriffe benennen und jeweils passenden Artikel davorschreiben

ie

Wiese

Name ______________________________

① Finde alle Reime.

die	Lieder	Wiese	nie
Riese	wie	sie	wieder

② Finde alle ie.

Es sind 8.

Lies dann alles.

Ist es so?

○ Nina liest oft mit Polli.

○ Tiere frieren oft im Sommer.

○ Nino findet nasses Wetter fies.

○ Die Riesen niesen in Wiesen.

1. Reimwörter erlesen und Reimpaare verbinden
2. Aufgabenstellung und Sätze erlesen; alle ie rot markieren (noch 8 weitere); Sätze erneut erlesen und richtige Aussagen ankreuzen

Name ____________________

Z z

1

2

2

Male hier zwei Zitronen.

Male 10 Pilze. Ein Pilz ist rot.

1. Begriffe sprechen und nach dem /z/-Laut abhören;
ankreuzen, ob der /z/-Laut am Wortanfang, im Wortinnern oder am Wortende zu hören ist
2. Sätze erlesen und Malaufgaben entsprechend umsetzen

Z z

Name ______________________

1

Z l t e

l P i z e

l z W e u r

Zelt

Pil

Wur

2 Was tut Jojo oft?

Jojo

- ◯ Er rennt zu Nina.
- ◯ Er frisst Wurzeln.
- ◯ Er zappelt herum.
- ◯ Er zeltet im Zimmer.
- ◯ Er zerrt an der Leine.
- ◯ Er sammelt Pilze.

1. Einführung Würfelwörter: Begriffe sprechschwingen, Einzellaute analysieren und Wörter schreiben; verwendete Buchstaben nach und nach aus der Auswahl streichen
2. Frage und Auswahlantworten erlesen; richtige Antworten ankreuzen

zu den Arbeitsheftseiten 49, 50

Name ______________________________

B b

1

2 Male hier ein Bild

mit einem Dino.

Der Dino hat eine Brille.

Male daneben

sieben bunte Blumen.

1. Begriffe sprechen und nach dem /z/-Laut abhören;
ankreuzen, ob der /z/-Laut am Wortanfang, im Wortinnern oder am Wortende zu hören ist
2. Sätze erlesen und Malauftrag entsprechend umsetzen

zu den Arbeitsheftseiten 51 bis 53

B b

Name ______________________

1

B s e n e

Be

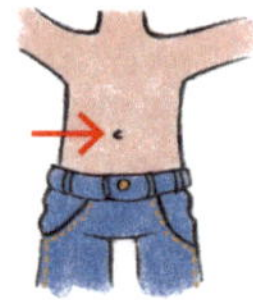

b N a e l

m u e B l

2 Was will Nina oft tun?

- ◯ Sie will mit Jojo toben.
- ◯ Sie will einen Brief braten.
- ◯ Sie will im Eimer baden.
- ◯ Sie will im Bett bellen.
- ◯ Sie will ein Eis haben.
- ◯ Sie will ein Bild malen.

1. Begriffe sprechschwingen, Einzellaute analysieren und Wörter schreiben; verwendete Buchstaben nach und nach aus der Auswahl streichen
2. Frage und Auswahlantworten erlesen; richtige drei Antworten ankreuzen

zu den Arbeitsheftseiten 51 bis 53

Name ____________________

Buch  Milch 

Ch ch

(1) Finde 9-mal ch wie in Buch.

Nino wird wach.

Er sucht seine Sachen.

Mama lacht:

„Was machst du da

mitten in der Nacht?“

Doch Nino sucht einfach

weiter.

(2) Finde 5-mal ch wie in Milch.

Nina wundert sich.

Im Zimmer riecht es fies.

Sie findet altes Futter

unter dem Teppich.

„Das finde ich

nicht toll, Jojo!“

1. Text erlesen; alle ch mit ach-Laut optisch analysieren und gelb markieren
2. Text erlesen; alle ch mit ich-Laut optisch analysieren und gelb markieren

zu den Arbeitsheftseiten 54 bis 56

Ch ch

Buch

Milch

Name ______________________________

1 Horche zuerst alles ab. Sortiere dann ein:

rechnen machen riechen suchen lachen horchen

ch wie in Buch

machen

ch wie in Milch

1. Verben mit ch erlesen und nach ach- bzw. ich-Lautung abhören;
Verben in die passende Spalte richtig abschreiben; sprechschwingen und Silbenbögen setzen

zu den Arbeitsheftseiten 54 bis 56

Name ______________________

Au au

1

2 Male zuerst ein Auto.

Auf seinem Dach

ist ein blauer Ballon.

Neben dem Auto rennt

eine braune Maus.

1. Begriffe sprechen und nach dem /au/-Laut abhoren:
ankreuzen, ob der /au/-Laut am Wortanfang, im Wortinnern oder am Wortende zu hören ist
2. Sätze erlesen, alle Au und au analysieren und rot markieren; Malauftrag entsprechend umsetzen

zu den Arbeitsheftseiten 57, 58

Au au

Name ______________________________

1 Sortiere alle Reimpaare.

brauchen Maus laufen tauchen Haus saufen

brauchen	laufen	Maus
tau		

2 EinebrauneMausrenntumeinblauesHaus.

1. Wörter erlesen und auf Reime hin abhören; Reimwörter untereinander in die Schreibzeilen abschreiben bzw. nachspuren (Silbenkönige rot); Wörter sprechschwingen und Silbenbögen setzen
2. Wörterschlangensatz erlesen und Wortgrenzen farbig markieren; Silbenbögen setzen

zu den Arbeitsheftseiten 57, 58

Name ______________________________

K k

1

2 Kekse kannst du …

- ○ kaufen.
- ○ kraulen.
- ○ kauen.

In der Klasse …

- ○ kochen wir Koffer.
- ○ machen wir Musik.
- ○ knabbern wir Wolken.

1. Begriffe sprechen und nach dem /k/-Laut abhören; ankreuzen, ob der /k/-Laut am Wortanfang, im Wortinnern oder am Wortende zu hören ist
2. Satzanfänge und Weiterführungen jeweils erlesen; Zutreffendes ankreuzen

K k

Name ______________________

1

k P e t a

u e ch K n

m K a e l

2 der oder die oder das ?

der Koffer

Kind

Kreis

Wolke

Kerze

Kleid

1. Begriffe sprechschwingen, Einzellaute analysieren und Wörter schreiben; verwendete Buchstaben nach und nach aus der Auswahl streichen
2. Begriffe sprechschwingen; passende Artikel davorschreiben; Wörter nachspuren (Silbenkönige rot)

zu den Arbeitsheftseiten 59 bis 61

Name ______________________

G g

1

   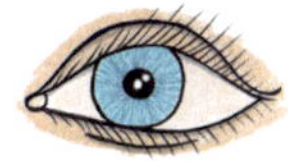

2 Was ist gelogen?

- ◯ Gurken sind grün.
- ◯ Ein Gesicht hat Arme.
- ◯ Igel liegen gern im Bett.
- ◯ Hunde können fliegen.
- ◯ Geister gibt es.
- ◯ Alle Bücher sind gelb.

1. Begriffe sprechen und nach dem /g/-Laut abhören; ankreuzen, ob der /g/-Laut am Wortanfang, im Wortinnern oder am Wortende zu hören ist
2. Frage und Auswahlantworten erlesen; fünf Lügensätze ankreuzen

zu den Arbeitsheftseiten 67 bis 69

G g

Name ______________________

1

e l I g

l G d e

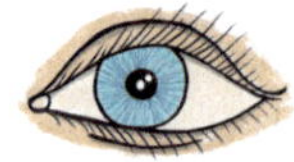

e g Au

2 Welches Wort passt wo?

gehen zeigen geben liegen

gehen

1. Begriffe sprechschwingen, Einzellaute analysieren und Wörter schreiben; verwendete Buchstaben nach und nach aus der Auswahl streichen
2. Begriffe sprechschwingen, Wörter zum passenden Bild schreiben (Silbenkönige rot)

zu den Arbeitsheftseiten 67 bis 69

Name ______________________________

J j

1

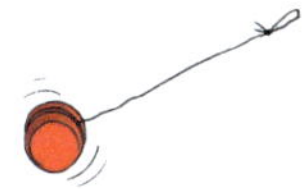

2 Was ist wahr?

- ◯ Jäger jagen im Wald.
- ◯ Im Juni ist es warm.
- ◯ Lehrer jaulen im Winter.
- ◯ Jojo ist Ninas Hund.
- ◯ Zahlen blühen im Juli.
- ◯ Das Jahr hat 12 Monate.

1. Begriffe sprechen und nach dem /j/-Laut abhören; ankreuzen, ob der /j/-Laut am Wortanfang, im Wortinnern oder am Wortende zu hören ist (bei „Jo-Jo“ am Anfang und im Wortinnern!)
2. Frage und Auswahlantworten erlesen; wahre Sätze ankreuzen

J j

Name ______________________________

1 Ordne jedes Wort einem passenden Begleiter zu.

der Joghurt

die

der

das

die

das

1. Aufgabenstellung und Auswahlwörter auf Inas Schild erlesen;
Artikel erlesen und die Wörter passend danebenschreiben;
verwendete Wörter aus der Auswahl streichen; Artikel nachspuren und Silbenbögen setzen

zu Arbeitsheftseite 73

Name ______________________

Sp sp

1 Markiere zuerst alle Sp und sp. Antworte dann.

Es gibt keine Gespenster!

Spielen Kinder gerne Spiele?	ja ○	nein ○
Können Spinnen sprechen?	ja ○	nein ○
Spuken Gespenster spät nachts?	ja ○	nein ○

2

e u r n Sp

l Sp ie

Sp ie g e l

St st

Name ______________________

1 Markiere zuerst alle St oder st wie in Stern.

Stein Stifte Stiefel
Liste Kasten

staunen stehen
steigen pusten

2 Ordne zu. ~~streicheln~~ stehen stürzen steigen

streicheln

ste

stür

stei

1. Wörter aus den Feldern erlesen und /st/-Laut analysieren und blau markieren;
Wörter sprechschwingen und Silbenbögen daruntersetzen
2. Begriffe sprechschwingen, Endsilbe zum passenden Bild schreiben; Wörter nachspuren (Silbenkönige rot)

zu den Arbeitsheftseiten 76, 77

Name ______________________

Sack

1 Markiere zuerst alle ck. Was gehört zusammen?

Decke	Schnecke	Jacke	Rock

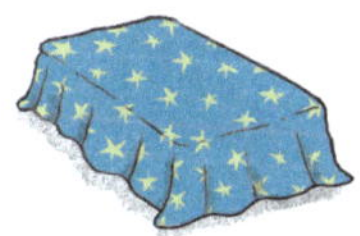

2

○ Nils wartet auf der lila Decke.

○ Nils mag dicke Mücken.

○ Nils will lieber ein leckeres Eis.

1. ck in den Auswahlwörtern optisch analysieren und blau markieren; Wörter mit dem passenden Bild verbinden
2. Abbildung anschauen; Auswahlsätze erlesen; richtige Aussagen ankreuzen

ck

Sack

Name ______________________

1 Schreibe die Reimwörter auf.

Lücke Decke Rock
~~backen~~ nicken

packen → b

ticken →

Brücke →

Stock →

Welches Wort bleibt übrig?

1. Auswahlwörter mit ck und Wörter innerhalb der Schreibzeilen erlesen, nachspuren und abhören; Reimwörter aus der Auswahl in die passenden Zeilen abschreiben; kurzen Vokal vor ck mit rotem Punkt markieren; verwendete Wörter aus der Auswahl streichen; übrig gebliebenes Wort in die Einzelzeile abschreiben

Name ______________________________

Katze  tz

1 Markiere zuerst alle tz. Finde dann alle Reime.

Spatz	Pfütze	Katze	Hitze

Das ist ein Satz.

2 Setze Reimwörter aus den Kästen oben ein.

Mütze → Pf

Glatze →

Fuchs

Name

1 Markiere zuerst alle chs . Ordne dann zu.

sechs	Fuchs	Dachs	wachsen

2 Setze Reimwörter aus den Kästen oben ein.

Wachs	Luchs

1. chs in den Auswahlwörtern optisch analysieren und blau markieren; Wörter mit dem passenden Bild verbinden
2. vorgegebene Wörter erlesen und nachspuren; passendes Reimwort aus den Auswahlwörtern der Aufgabe 1 heraussuchen und darunterschreiben

zu Arbeitsheftseite 82

Name ______________________

V v

1 Lies die Wörter.

Sprich V oder v

wie in Vogel:

- Vater •
- viele
- vier •
- voll
- von
- vorbei

Lies die Wörter.

Sprich V oder v

wie in Vase:

- • Vampir
- Verena
- • Vulkan
- • Klavier
- • Kurve
- violett

1. V/v-Wörter getrennt nach /f/- und /w/-Lautung erlesen; V und v jeweils blau markieren; Abbildungen mit sechs passenden Wörtern verbinden

V v

Name ______________________

1 Neben dem Zelt steht eine Vase.
Sie ist violett. Vor dem Zelt
wachsen viele gelbe Blumen.

2 Setze
M die richtigen
Wörter ein.

voll von vor vier viele

In Wiesen gibt es ________ Blumen.

Nina turnt gerne etwas ________.

1. sinnerfassend lesen und dazu malen
2. Aufgabenstellung, Auswahlwörter und Lückensätze erlesen; passende Wörter aus der Auswahl in die Lücken schreiben

zu den Arbeitsheftseiten 83, 84

Name ____________________

Eu eu

① Markiere zuerst alle Eu und eu. Verbinde dann.

Euro	Kreuz	Feuer	Eule	neun

② Male der Eule eine dicke Beule.

Male auch neun Blätter dazu.

1. Eu und eu in den Auswahlwörtern optisch analysieren und rot markieren; Wörter mit dem passenden Bild verbinden
2. sinnerfassend lesen und dazu malen

zu den Arbeitsheftseiten 85, 86

1 Lies zuerst die Sätze unten. Kreuze an, was stimmt.

Verbinde dann mit dem passenden Bild.

○ Toni ist Inas Freund.	○ Hunde sind treue Freunde.	○ Ali tröstet Lisas Eule.	○ Lisa heult nicht mehr.

1. sinnerfassend lesen, ankreuzen und verbinden nach Aufgabenstellung

Name ______________________________

Bank

nk

1 Verbinde die Reimwörter.
Schreibe ein Reimpaar auf.

schenken	•	•	trinken
Bank	•	•	denken
winken	•	•	Schrank

____

____

2 Nina und Leon sollen daran denken, ...

- ◯ sich mit Oma zu zanken.
- ◯ ihre Milch zu trinken.
- ◯ den Schrank zu küssen.
- ◯ dass die Bank krank ist.
- ◯ sich zu bedanken.

1 Aufgabe und Wörter mit nk erlesen, alle nk blau markieren; Reimpaare verbinden; ein Reimpaar auswählen und aufschreiben
2 Satzanfang und Weiterführungen erlesen; Zutreffendes ankreuzen

zu Arbeitsheftseite 87

ng

Ring

Name ______________________________

1 Verbinde die Reimwörter.
Schreibe ein Reimpaar auf.

singen	•	•	Zunge
Junge	•	•	Ding
Ring	•	•	bringen

2 Kreuze deine Meinung an.

- ◯ Lange fernsehen finde ich super.
- ◯ Sport ist oft langweilig.
- ◯ Ich verbringe gern viel Zeit mit Lesen.

1. Aufgabe und Wörter mit ng erlesen; alle ng blau markieren; Reimpaare verbinden; ein Reimpaar auswählen und aufschreiben
2. Aufgabe und Aussagen erlesen; eigene Meinung ankreuzen

zu Arbeitsheftseite 88

Name ______________________

Fuß 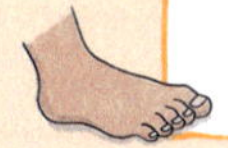

ß

1 Verbinde die Reimwörter.

Schreibe ein Reimpaar auf.

beißen	Fuß
heiß	reißen
Gruß	weiß

2 Kreuze an, was du sicher weißt.

- ○ Meine Füße sind größer als meine Finger.
- ○ Süß ist das Gegenteil von weiß.
- ○ Als Koch beißt man oft in heiße Sachen.

1. Aufgabe und Wörter mit ß erlesen; alle ß blau markieren; Reimpaare verbinden; ein Reimpaar auswählen und aufschreiben
2. Aufgabe und Aussagen erlesen; Zutreffendes ankreuzen

Yacht

Pyramide

Baby

Name ______________________

1 Ergänze unten: Zylinder Pony.

M

Baby

i

Pyramide

ü

j Yacht

2 Was denkst du?

- ○ Baby klingt am Ende wie Pony.
- ○ Eine Yacht ist ein teures Boot.
- ○ Pyramiden wachsen in der Wüste.

1. Aufgabe und Wörter in den Schreibzeilen erlesen; Begriffe nach der y-Lautung abhören und zuordnen; vorgedrucktes Wort nachspuren, Auswahlwort mit identischem /y/-Laut darunterschreiben
2. Frage und Aussagen erlesen; Zutreffendes ankreuzen

zu Arbeitsheftseite 90

Name ______________________

Mäuse

Äu äu

1 Aus au wird ein äu.

die Maus

die Mäuse

der Baum

die

2 Verbinde, was zusammengehört.

der Baum •	• die Häuser
der Traum •	• sie läuft
das Haus •	• die Bäume
laufen •	• er träumt
die Maus •	• die Mäuse

1. Wörter im Singular erlesen und nachspuren; Pluralform mit äu ableiten und darunterschreiben
2. Aufgabe und Wörter mit au und äu erlesen; zusammengehörige Wörter verbinden und au bzw. äu jeweils rot markieren

zu Arbeitsheftseite 91

C c

Computer

Cent

Name ______________________

1

Computer   Cent   Comic

____

____

____

2

(1) Computer   (2) Comics

(3) Clown   (4) Eis-Café

(3) Paola spielt gerne den …

( ) Nino kennt ein tolles …

( ) Leon mag seinen neuen …

( ) Nina liest oft …

1. Auswahlwörter mit C erlesen und nach ihrer c-Lautung abhören; den passenden Bildern zuordnen
2. Auswahlwörter und Lückensätze erlesen; Wörter durch Einschreiben der passenden Ziffer den Sätzen zuordnen

zu Arbeitsheftseite 92

Name ______________________

Quirl

Quadrat
Qualle

Qu qu

1 Qualle Quirl Quadrat

die

das

der

2 Quiz: Wer weiß, was stimmt?

- ◯ Ein Quadrat ist rund.
- ◯ Quallen leben im Meer.
- ◯ Schweine quasseln viel.
- ◯ Frösche können quaken.
- ◯ Aus einer Quelle kommt Wasser.

1. Qu in den Auswahlwörtern optisch analysieren und markieren; Auswahlwörter dem richtigen Bild zuordnen, Artikel nachspuren und Wort danebenschreiben
2. Qu und qu optisch analysieren und markieren; Sätze sinnerfassend erlesen und richtige Aussagen ankreuzen

zu Arbeitsheftseite 94

X x

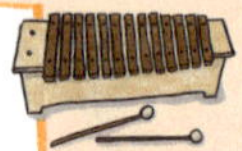

Xylofon

Hexe

Name ______________________________

1 Hexe Taxi Text

der

die

das

2 Quiz: Wer weiß, was stimmt?

- ◯ Quark kannst du mixen.
- ◯ Ein Lexikon kann boxen.
- ◯ Ein Taxi ist ein Auto.
- ◯ Jeder Boxer kann hexen.
- ◯ Ein Xylofon ist ein Instrument.

1. Auswahlwörter dem richtigen Bild zuordnen; Artikel nachspuren und Wort danebenschreiben
2. Sätze sinnerfassend erlesen und richtige Aussagen ankreuzen

zu Arbeitsheftseite 95